LA COMÉDIE FRANÇAISE A LONDRÉS

MOLIÈRE
A
SHAKSPEARE

PROLOGUE

DE LA

SOIRÉE D'INAUGURATION

WITH A LITERAL TRANSLATION

PRICE : ONE SHILLING

MOLIÈRE
A
SHAKSPEARE

PROLOGUE EN VERS

PAR

JEAN AICARD

WITH A LITERAL TRANSLATION

PARIS
IMPRIMERIE DE D. JOUAUST

—

M DCCC LXXIX

LA COMÉDIE FRANÇAISE A LONDRES

MOLIÈRE A SHAKSPEARE

PROLOGUE

DIT PAR M. GOT

DOYEN DES SOCIÉTAIRES

POUR L'INAUGURATION

DES

REPRÉSENTATIONS DE LA COMÉDIE FRANÇAISE

LE 2 JUIN 1879

A « GAIETY-THEATRE »

MOLIÈRE TO SHAKSPEARE

The actor, — in the presence of the two busts of Shakspeare and Molière, and surrounded by all the artists of the « Théâtre-Français », — bows first to Shakspeare.

SHAKSPEARE!

His noble name hovers above the two Worlds;
In every man's mind it lives, it speaks, — it EXISTS,
Better than in the days when, — with his head full of profound things, —
The tragic comedian called Hamlet *into life.*

MOLIÈRE A SHAKSPEARE

L'acteur, — en présence des deux bustes de Shakspeare et de Molière, et entouré de tous les comédiens du Théâtre-Français, — salue d'abord Shakspeare.

SHAKSPEARE!

Son grand nom plane sur les deux Mondes,
Et dans tout esprit d'homme il vit, il parle, — il est,
Mieux qu'aux jours où, cerveau plein de choses profondes,
Comédien tragique, il faisait vivre Hamlet.

He typifies a country, the North, the strong race,
He brings his heart, the universal heart;
And, as a divine creator, this Master, — force and grace itself, —
Makes England illustrious and glorious under the heavens.

He lived. — He knew all the cares of a man's life;
" Of woman born ", he suffered from hatred and from love;
He knew poverty, and, like Plautus at Rome,
From an artisan he made himself a sovereign of souls.

He thought. — His head, like a stupendous camera obscura,
Reflected the whole Universe in full, — body, soul and mind!
Thus gifted by nature, he added History unto himself :
In Plutarch's page the ancient World conversed with him.

He sang. — The inmost recesses of the soul he brings to light,
The dream of life, all earthly goods, all earthly evils;
Love, affection, horror, joy, madness, crime,
All, — all !... — a storm; — an ocean of words!

Il incarne un pays, le Nord, la forte race;
Il apporte son cœur, le cœur universel,
Et, créateur divin, ce maitre, — force et grâce, —
Fait l'Angleterre illustre et grande sous le ciel.

Il vécut. — Il connut tout le souci d'être homme;
Fils de femme, il souffrit par la haine et l'amour;
Il connut la misère, et, comme Plaute à Rome,
De manœuvre, il se fit roi des âmes un jour.

Il pensait. — Son cerveau, terrible chambre noire,
Portait tout l'Univers, — corps, âme, esprit, — complet!
Ainsi fait, à lui-même il ajoutait l'Histoire:
Dans Plutarque, le monde antique lui parlait.

Il chanta. — Tout le fond de la vie, il l'exprime:
Le songe d'exister, tous les biens, tous les maux,
Amour, tendresse, horreur, gaité, folie et crime,
Tout, — tout!... Et c'est l'orage et l'océan des mots!

It is the Ocean! You see in him those terrible tides
Which seem the onset of a nightly deluge;
Screams, sobs, the hurried flights of despairing souls....
It overflows!... Behold, its wave flows back and retires.

Hamlet, Othello, Macbeth, Lear, — *so many tempests!...*
O dreams, more real still than beings of flesh,
You also, Desdemona, Ophelia, — *you* ARE!
You, pale sisters of the « *airy* » Ariel.

And you, Romeo, Falstaff, *you all are* SHAKSPEARE!
And, with words only, — those words *which he called vain, —*
He has created this people, — a people that breathes,
A strange and powerful choir of divine dreams.

Three centuries ago he lived : to England,
Since then, this gentle conqueror has given a world,
And never shall the praise of Nations
Proclaim a nobler and more glorious Poet!...

C'est l'Océan! Il a parfois de ces marées
Qui semblent un assaut de déluge et de nuit :
Cris, sanglots, tournoîments d'âmes désespérées...
Il déborde!... Voyez, son flot retourne à lui.

C'est Hamlet, Othello, Macbeth, Lear, — des tempêtes!...
O rêves, plus vivants que des êtres de chair!
... Vous aussi, Desdémone, Ophélia, — vous ÊTES!
Sœurs pâles d'Ariel qui va flottant dans l'air.

Et Roméo, Falstaff, et vous tous, c'est SHAKSPEARE!
Et rien qu'avec des mots, — ces mots qu'il disait vains, —
Il a créé ce peuple, un peuple qui respire,
Chœur étrange et puissant de mensonges divins.

Il a vécu voilà trois siècles. L'Angleterre
Doit un monde idéal à ce doux conquérant,
Et l'acclamation des peuples de la Terre
Ne salùra jamais un poète plus grand...

The actor turning to Molière's bust

MOLIÈRE !

From the old World to the new his great name flies;
While thoroughly french, he is a greek, both by his race and destiny.
Whoever can read has read thee, o Master !.... But, being ours,
Thou knowest what thy sons *can say of thee.*

To laugh and moralise was to thee the same thing;
In Lucretius' page the ancient World conversed with thee;
Alceste *was thyself, o morose satirist,*
O jester, who, under thy mask, didst weep like Hamlet.

With eye fixed on truth, thou didst go through life,
Surrounded with lies and vulgarity, —
Poor plaintive fool, by Envy harassed,
O King! in spite of Kings insulted in thy grave!

L'acteur se tourne du côté de Molière.

MOLIÈRE!

Son grand nom va du vieux Monde à l'autre;
Bien Français, il est Grec; c'est sa race, sa loi.
Qui sait lire t'a lu, maître!... Mais, étant nôtre,
Tu sais ce que tes fils peuvent dire de toi.

Rire et philosopher pour toi fut même chose;
Dans Lucrèce, le monde antique te parlait;
Alceste, c'était toi, satirique morose,
Rieur qui, sous ton masque, as pleuré comme Hamlet.

L'œil fixé sur le vrai, tu traversas la vie,
Entouré de mensonge et de vulgarité,
Pauvre bouffon plaintif que harcela l'Envie,
O roi! malgré les rois dans ta tombe insulté!

Thou didst meet death with face erect, like a Roman soldie ,
Mocking thy sufferings by a superhuman effort. —
... They are vanquished, all those at whom thou didst laugh, o genius !
And thy laughter, after thee, triumphs over Death !

What thou wast ever thy end reveals :
Thy heart bled under thy merry garment,
But, o indomitable heart, each new grief
Increased thy spirited mirth and the fire of thy eyes.

And both thy real griefs and undefined cares,
Thy despair in love, thy screams, thou didst repress them !...
Thus does the Latin Sea impose on its beautiful waves
Tideless rhythms between its Latin shores.

It teaches LOVE, GRACE, LIGHT;
Homer and Phidias received its lessons...
ORDER, CALM, CLEARNESS, — *such is thy work,* O MOLIÈRE,
The image of a whole Race and a whole Art !

Tu sus mourir debout, tel qu'un soldat de Rome,
Te moquant de ton mal par un étrange effort!
... Ils sont vaincus, tous ceux dont tu riais, grand homme,
Et ton rire après toi triomphe de la Mort!

Ce que tu fus toujours, ta fin nous le révèle :
Ton cœur était saignant sous le pourpoint joyeux;
Mais, obstiné lutteur, chaque douleur nouvelle
Croissait ta verve heureuse et l'éclat de tes yeux.

Et tes soucis réels comme les peines vagues,
Tes désespoirs d'amour, tes cris, tu les contins!...
Ainsi la Mer Latine impose aux belles vagues
Des rythmes sans marée entre ses bords latins.

Elle enseigne l'amour, la grâce, la lumière;
Homère et Phidias furent ses écoliers...
Règle, calme, clarté, — c'est ton œuvre, MOLIÈRE,
Image d'une race et d'un art tout entiers.

In their melodious bark, Alceste *and* Celimène,

Tartufe, Orgon, *and all, — thy glorious fools, —*

Pass, playing again before us the comedy of life

On waves — like thee, smiling and deep.

O thou, our immortal honour, all the Earth,

O peerless Poet, hails thee in this day!

To Shakspeare :

Thou, SHAKSPEARE, *England's immortal pride*

MOLIÈRE *hails thee! And* FRANCE *with him!*

To the audience :

Under the protection of these names, our highest glories,

We hail you, our Spectators, our Hosts,

Englishmen! Once before, — ten years ago, — when a dark wind

Was blowing, covering despairing France with grief, —

Dans leur barque chantante, Alceste et Célimène,
Tartufe, Orgon, et tous, — tes glorieux bouffons, —
Passent, nous rejouant la comédie humaine,
Sur des flots, — comme toi souriants et profonds.

O toi, notre immortel honneur, — toute la Terre,
Poète sans pareil, te salue aujourd'hui!

S'adressant à Shakspeare :

Toi, SHAKSPEARE, immortel honneur de l'Angleterre,
MOLIÈRE te salue! et la France avec lui!

Au public.

A l'abri de ces noms, nos gloires les plus hautes,
Nous vous saluons, vous, nos spectateurs, nos hôtes,
Anglais! — Déjà (voici dix ans), lorsqu'un vent noir
Soufflait, couvrant de deuil la France au désespoir,

Wandering, desolate children of wounded France,
We went spreading abroad our Country's soul,
And you applauded, with your voices and your hearts,
Unconquerable genius, and victorious MOLIÈRE.

O land of SHAKSPEARE ! *o hospitable land !*
We, the comedians and the sons of MOLIÈRE,
We had promised thee to come back once more.
Well ! we are here all together again,
But prouder, happier, on this English shore
Which wellcomed us in bad times.
And we say : Hail to thee, free country, old soil,
To exiles kind, — thou, nest, whence, every day,
An idea takes its flight, moving its genial wings
To follow thy ships over the waters of two Worlds !
Hail to thee, isolated world, that fillest the Universe
With a noise of labour, like the noise of the Sea !
— In Art and in joy, to England hail !...

Errants, fils désolés de la France amoindrie,
Nous allions répandant l'âme de la patrie,
Et vous applaudissiez de la voix et du cœur
Le génie invincible et MOLIÈRE vainqueur.

O terre de SHAKSPEARE, ô terre hospitalière,
Nous les comédiens et les fils de MOLIÈRE,
Nous te l'avions promis de revenir un jour :
Eh bien, nous voici tous ensemble de retour,
Mais plus fiers, plus heureux, sur cette rive anglaise
Qui nous fit bon accueil dans une heure mauvaise,
Et nous disons : « Salut, terre libre, vieux sol
Clément à l'exil, — nid d'où chaque jour prend vol
Une idée, agitant ses deux ailes fécondes
Pour suivre tes vaisseaux sur les eaux des deux Mondes!
Salut, monde isolé, qui remplis l'Univers
D'un bruit de chantiers, grand comme le bruit des mers!
Salut dans l'Art, et dans la joie, à l'Angleterre! »

Above all the kingdoms of the Earth,

Above our Flags, extends one only Azure,

One only Ether, one only ever pure Space,

And this blue sky, which expands without frontiers,

Is Ideal Art, — *light, azure and gay,* —

ART, *the common land of freed minds,*

Where Love speaks best in sacred rhythms,

Where the greatest are those whom Justice inspires,

Where MOLIÈRE *smiles — in glory — to* SHAKSPEARE !

Au-dessus de tous les royaumes de la Terre,
Par-dessus nos Drapeaux, s'étend un seul azur,
Un seul éther, un seul espace toujours pur;
Et ce ciel bleu, qui sans frontières se déploie,
C'est l'IDÉAL, c'est l'ART, — lumière, azur et joie, —
L'ART, le pays commun des esprits délivrés,
Où l'amour parle mieux dans les rythmes sacrés,
Où les plus grands sont ceux que la Justice inspire,
Où MOLIÈRE sourit, dans la gloire, à SHAKSPEARE!

OCCVPA PORTVM
IOVAVST

OCCVPA PORTVM
PARIS RUE ST HONORÉ
338
TYPOGRAPHIE ARTISTIQUE
JOUAUST
ÉDITIONS DE BIBLIOPHILES

www.ingramcontent.com/pod-product-compliance
Ingram Content Group UK Ltd.
Pitfield, Milton Keynes, MK11 3LW, UK
UKHW021042260726
13994UKWH00005B/2311

9 782329 441580